AF298956

VENUS ET ADONIS,

BALLET HÉROÏQUE,

Représenté pour la premiere fois devant le ROI, au Château de Bellevûe, le 27 Avril 1752.

Imprimé par exprès Commandement de Sa Majesté.

M. DCC. LII.

Les Paroles font de M. COLLET.

La Mufique eft de M. MONDONVILLE.

Les Danfes font de la compofition de M. DEHESSE.

ORCHESTRE.

Clavecin,	*M. Cardone.*
Violoncelles,	*M. Jeliote,* *M. Labbé l.* *M. Chrétien,* *M. Picot,* *M. Antonio,* *M. Dubuiſſon.*
Baſſons,	*M. Marliere,* *M. Blaiſe,* *M. Brunel.*
Flute,	*M. Blavet.*
Hautbois,	*M. Deſelles,* *M. Desjardins.*
Violons, premiers-deſſus,	*M. Mondonville,* *M. Lalande,* *M. le Roux.*
Violons, ſeconds-deſſus,	*M. Guillemain,* *M. Marchand,* *M. Caraſſe l.* *M. Lameche.*
Trompette,	*M. Caraſſe 2me.*

CHŒURS CHANTANS.

Côté du ROI.		Côté de la REINE.	
Mlles		Mlles	
De Selles,		Godonesche,	
Canavas,	} Dessus.	Daigremont,	} Dessus.
Saintreuse.		Ducros.	
Mrs		Mrs	
Camus,		Falco,	
Gerome.	} Dessus.	Francisque.	} Dessus.
Poirier,		Bazire,	
Le Begue.	} Haute-Contres.	Dugué.	} Haute-Contres.
Daigremont,		Richer,	
Cardone.	} Tailles.	Tavernier.	} Tailles.
Benoist,		Godonesche,	
Ducros,	} Basses.	Dubourg,	} Basses.
Joguet.		Guerin.	

M. DE BURY sur le Théatre, pour la conduite
du Spectacle.

PERSONNAGES DANSANS.

PREMIER DIVERTISSEMENT.

CHASSEURS.

Monsieur le Marquis DE COURTENVAUX.

Monsieur le Marquis DE BEUVRON.

Messieurs *Lepy, Beat, la Riviere, Balleti, Barois.*

Mademoiselle *Foulquier.*

Mesdemoiselles *Camille, Reix, Astraudi, Chevrier, Masson.*

SECOND DIVERTISSEMENT.

JEUX ET PLAISIRS.

Monsieur le Comte DE MELFORT.

Monsieur le Marquis DE BEUVRON.

Mademoiselle *Puvigné.*

Mesdemoiselles *Reix, Camille.*

Messieurs *Gougis, Rousseau, Berterin, Beat, Lepy.*

Mesdemoiselles *Astraudi, Masson, Foulquier, Durand, Chevrier.*

ACTEURS.

MARS,	*Monsieur le Marquis* DE LA SALLE.
VENUS,	*Madame la Marquise* DE POMPADOUR.
ADONIS,	*Monsieur le Vicomte* DE CHABOT.
CHARITE,	*Madame* DE MARCHAIS.

UNE VOIX SOUTERAINE.

CHASSEURS.

PLAISIRS ET JEUX.

VENUS ET ADONIS,

BALLET HÉROÏQUE.

Le Théatre repréſente une Forêt.

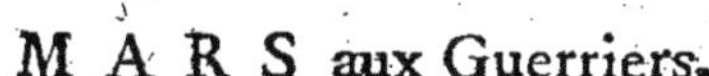

SCENE PREMIERE.

MARS, Troupe de Guerriers.

MARS aux Guerriers.

VOus, qu'à mes pas enchaîne la Victoire,
Illuſtres Compagnons de mes travaux guerriers,
Suſpendez en ce jour votre ardeur pour la gloire,
Mars ne vient point ici diſpenſer des lauriers.

De l'éclat qui les environne
J'ai ſatisfait vos cœurs ambitieux.
A d'autres ſoins mon ame s'abandonne,

Je vais m'en occuper en ces paisibles lieux.

Allez dans une paix profonde

Attendre mes suprémes loix :

Quand il faudra changer le sort du monde,

Vous partagerez mes exploits.

Les Guerriers se retirent.

MARS seul.

Enfin c'est dans ce Bois

Que Diane a promis de servir ma colere.

Inconstante Venus, frémis de mes transports,

Un Monstre doit punir mon Rival téméraire ;

Adonis va bientôt descendre chez les Morts.

On entend un bruit de Chasse.

Ce bruit annonce sa présence ;

Goûtons seul le plaisir que promet la vengeance.

Il sort.

SCENE SECONDE.

ADONIS, Troupe de Chasseurs & de Chasseresses.

On danse.

ADONIS.

Que ces Forêts
Offrent d'attraits !
Le Guerrier y rappelle
Sa valeur ;
L'Amant y renouvelle
Son ardeur.

LE CHŒUR.

Que ces Forêts, &c.

ADONIS seul.

De ces lieux remplis de charmes
Un Monstre affreux trouble la paix ;
Lançons sur lui nos traits,
Qu'il tombe sous nos armes.

LE CHŒUR.

Que ces Foréts, &c.

ADONIS seul.

Lorsqu'aux champs de Bellone il n'est plus de conquêtes
Dignes d'occuper les Héros,
Pour les rendre vainqueurs des ennuis du repos,
Diane les appelle au fond de ces retraites.

LE CHŒUR.

Que ces Foréts, &c.

On danse.

ADONIS.

Qu'il est doux après la victoire
De s'offrir triomphant à l'objet de ses vœux !
En voyant son bonheur écrit dans de beaux yeux,
Un Héros peut encore ajouter à sa gloire.

On danse.

ADONIS.

Délivrons les Foréts de ce Monstre odieux ;
Proteger les Mortels, c'est imiter les Dieux.

LE CHŒUR.

Délivrons, &c.

Ils sortent.

SCENE TROISIÉME.

VENUS, CHARITE.

VENUS.

A Donis . . . Adonis . . . vainement je l'appelle,
Il ne peut entendre ma voix !

CHARITE.

D'où naît le trouble où je vous vois ?

VENUS.

Je crains pour mon Amant une atteinte mortelle.

CHARITE.

Ne songez en ce jour
Qu'au plaisir de le voir couronner par la Gloire.
Ah ! qu'un Amant chéri de la Victoire
Est agréable à l'Amour !

VENUS.

Reviens, cher Adonis, dissiper mes allarmes,
Ce triomphe ne peut augmenter mon ardeur.
Eh! quand la gloire auroit encore plus de charmes,
Vaut-elle tous les maux qu'elle coûte à mon cœur?

CHŒUR derriere le Théatre.

Fuyons ce Monstre, échappons à sa rage.

VENUS.

Qu'entens-je! Quels terribles cris!

CHŒUR derriere le Théatre.

Ah! quel affreux carnage!
O Ciel! malheureux Adonis!

VENUS.

Se pourroit-il hélas!.... Dois-je le croire?...
Cher Amant... fatale gloire!...

CHARITE.

Il vient, rassurez-vous.

VENUS.

avec transport de joie.   avec fureur.
Ah Dieux!... injustes Dieux!
Vous avez donc permis ce forfait odieux?

SCENE QUATRIÉME.

VENUS, CHARITE, ADONIS blessé.

ADONIS.

Une céleste flame
En ce lieu semble m'arrêter :
Je suis près de Venus ; en pourrois-je douter
Au feu que je sens dans mon ame ?

VENUS.

Implacable destin !

ADONIS.

Moderez ce transport ,
Le Ciel daigne adoucir les horreurs de ma mort ,
Puisque je vous revois .... mais je cesse de vivre.

Il meurt.

SCENE CINQUIÉME.

VENUS, CHARITE.

VENUS.

IL meurt, & je ne peux le suivre!
O mon cher Adonis! O déplorable sort!

Laissons de mon amour une marque éclatante,
Qu'en ce Bois s'éleve une fleur,
Dont la triste couleur
Soit l'image touchante
Des troubles de mon cœur.
Une fleur sort de terre.

SCENE SIXIÉME.

VENUS, CHARITE, MARS.

CHARITE.

Mars près de vous s'avance.

VENUS.

O Ciel! qui l'amene en ces lieux?

MARS.

Perfide, la vengeance.

VENUS.

Qu'entens-je!

MARS.

C'est par moi qu'un Monstre furieux
Vient d'immoler l'Amant que votre cœur adore.

VENUS.

Cruel! après ce coup affreux,
Jupiter ne peut-il te punir à mes yeux?

MARS.

Ce Rival que j'abhorre,
Sans votre indigne amour
Jouiroit encore
De la clarté du jour.
Jugez par ma fureur du feu qui me dévore.

VENUS.

Il vivra malgré toi dans le fond de mon cœur;
En vain à mon amour ta colere s'oppose;

Pour prouver à jamais l'extès de mon ardeur,
Du sang de ce Héros j'ai formé cette fleur ;
Dans cette métamorphose
J'adorerai toujours un si charmant Vainqueur.

MARS.

Ah ! c'en est trop ; redoutez inhumaine . . .

VENUS.

Que ne puis-je en ce jour,
Pour augmenter ta peine,
Augmenter pour lui mon amour.
Regarde cette fleur te reprocher ton crime,
Elle est de ma tendresse un gage précieux.

MARS.

Elle sera ma seconde victime.

VENUS.

Tyran, quelle fureur t'anime ? . . .

MARS.

Vois arracher l'objet de tes coupables feux.

VENUS.

Juste Ciel ! sois sensible à mes tourmens affreux.

On entend le bruit du tonnerre ; l'obscurité s'empare
du Théatre.

UNE VOIX derriere le Théatre.

Des Immortels cette fleur est chérie ;
Si quelqu'un y portoit une prophane main,
De son audace impie
Il seroit aussi-tôt puni par le Destin.

MARS.

Ce que j'entends redouble encor ma rage :
Rien ne peut retenir un Amant qu'on outrage.

VENUS.

Arrête . . .

Mars arrache la fleur ; le Destin fait renaître Adonis, pour
punir ce Dieu de lui avoir désobéi ; la lumiere
se répand sur le Théatre.

SCENE SEPTIÉME.

MARS, VENUS, ADONIS.

MARS ET VENUS ensemble.

O Ciel ! en croirai-je mes yeux ?

MARS.

C'est Adonis....

VENUS.

Oui, c'est l'objet que j'aime.

MARS.

Ah ! je le reconnois { à ma fureur extrême.

VENUS.

à ma tendresse extrême.

MARS.

Je ne puis me venger d'un Rival odieux !
O Destin !....de mes maux allons punir la Terre !
Intrépides Guerriers qui servez ma colere,
Venez, suivez mes pas, courons tout désoler.

Les Guerriers entrent.

MARS et LE CHŒUR.

L'effroi devant nous doit voler,

Dans nos fureurs égalons le Tonnerre.

Ils sortent.

SCENE HUITIÉME.

VENUS, ADONIS.

ADONIS.

En revoyant le jour que me rendent les Dieux,

Que mon sort est digne d'envie !

C'est de l'amour qui brille dans vos yeux

Que je reçois une nouvelle vie.

VENUS.

Les Dieux me comblent de faveurs

En te rendant à ma tendresse extrême.

Ah ! qu'on oublie aisément ses malheurs,

Quand c'est la main de ce qu'on aime

Qui vient essuyer nos pleurs !

VENUS ET ADONIS.

Je vous aimerai sans cesse.
Ah ! quelle félicité !
Que le prix de ma tendresse
Soit votre fidelité.

VENUS.

Ne m'offrez plus que le séjour de Flore,
Lieux qui venez d'entendre éclater mes soupirs ;
Vous qui suivez mes loix, venez, Jeux & Plaisirs,
Obéissez à l'Amant que j'adore.

Le Théatre change, & représente le Palais & les Jardins de Flore ; il est habité par les Graces, les Plaisirs & les Jeux.

SCENE DERNIERE.

VENUS, ADONIS, Graces, Plaisirs & Jeux.

On danse.

ADONIS.

O Vous, qui de Venus accompagnez les pas,
Prenez part à ma gloire ;

Célébrez de l'Amour la brillante victoire,
Chantez Venus & ses divins appas.

LE CHŒUR.

Célébrons de l'Amour la brillante victoire;
Chantons Venus & ses divins appas.
On danse.

CHARITE et LE CHŒUR.

Lorsque Venus vint à paroître
Sur le vaste Empire des Mers,
Ses yeux annoncerent le maître
Et le vainqueur de l'Univers;
C'est ellé qui nous fit connoître
Le Dieu de la félicité.
De qui l'Amour pouvoit-il naître,
Si ce n'étoit de la Beauté?
On danse.

CHARITE.

Pour rendre hommage
A la Reine des cœurs,
La Déesse des fleurs

Embellit ce Bocage;
Mais de cet asile encharté
Où les plaisirs sont sans allarmes,
La présence de la Beauté
Augmente encor les charmes.
On danse.

CHARITE.

La Tourterelle
Est le modelle
Du tendre cœur
Qu'Amour appelle;
Aimez comme elle,
Soyez fidelle,
Que votre ardeur
Soit éternelle.

D'une Amante nouvelle
Fuyez l'appas trompeur;
La plus rebelle
Peut calmer sa rigueur;
Souvent on quitte une cruelle
Au moment d'en être vainqueur.

La Tourterelle, &c.

VENUS.

Regne à jamais fur nos cœurs,
Amour, viens refferrer nos chaînes ;
Dans ton Empire on ne reffent des peines
Que pour mieux goûter tes faveurs.

On danfe.

LE CHŒUR.

Célébrons de l'Amour, &c.

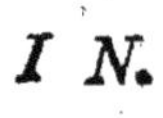

I N.

40

www.ingramcontent.com/pod-product-compliance
Ingram Content Group UK Ltd.
Pitfield, Milton Keynes, MK11 3LW, UK
UKHW020112100726
13658UKWH00005B/2123